Einsterns Schwester 1

Erstlesebuch

von

Martina Schramm
in Zusammenarbeit mit der
Redaktion Grundschule

illustriert von

Yo Rühmer, Vera Schmidt
und Isabelle Göntgen

Cornelsen

Inhalt

1 Lola

⭐ Also los!

IMO   TIM   LOLA   LISA

✏️ Malt Lola.

⭐ Im

Lola ist mit Imo im 🏕 .

Ist Lisa im 🏕 ?

Ist Tim am 🏕 ?

Los, Tim !
Lola ist im 🏕 .

Also los !

⭐ Lola ist mit Imo im Zelt.
Was wollen Tim und Lisa tun ?

★ Lisa ist am Ast

Lola ist mit Tim im  .

Lisa ist am Ast .

Imo ist am .

Toll , Lisa !

Lola !
Tim !

✏ Malt Imo .

✴ Mimi ist am Ast

Mimi ist am Ast.

Imo ist am  .

Oma Isa ist am .

Lass los,
Imo !

Oma Isa ist toll !

Oma Isa hilft Mimi.

Mimi ist Omas Katze.

★ Im Tal

Tim ist mit Mama im Tal.
Lola ist mit lila   im Tal.

mit Salami!
Salat ist im .

Toll!

✏ Malt Tim.

✸ Imo isst mit

Mama isst Salat.

Tim isst   mit Salami.

Lola isst ...

> Mama ! Imo isst Lolas Salami !

> Imo, lass los !

✸ **Tim schreibt an Oma:**

Liebe Oma!
Im Tal ist es toll.
Lola ist nett.
Imo macht Unsinn.
Bis bald!
Tim

Frau
Isa Molat
Am See 3
94554 Moos

★ So malt Lisa mit Tim

Tim malt.

Tim malt mit Lisa.

Lisa malt Oma.

Malt Tim Lamas?

Lola,
lass mal!
Tim malt
total toll!

 Malt Lisa.

✴ So malt Lola

Lola malt am  .
Also los, Lola !

Malt Lola lila Salat ?
Malt Lola lila Lollis ?

Lola malt Oma Isa.
Toll, Lola !

 Male mit !
Punkt, Punkt,
Komma,
Strich,
fertig ist nun das Gesicht.

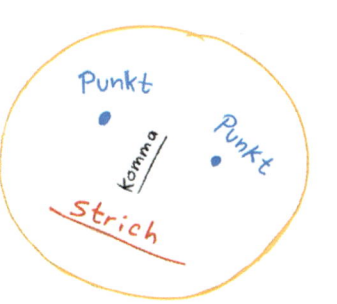

2 Esel, Enten und Kamele

★ **Esel Pepe**

Das ist Esel Pepe.
Das ist Opa Anton.
Opa Anton ist nett.

I A

I A

Pepe kann alles!
Pepe kann lesen.
Pepe kann
im Sand malen.

Nee, nee, du Esel!
Das ist alles Unsinn!

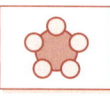 Soll man Opa Esel nennen?

⭐ Sind Esel dumm?

Opa Anton nimmt den  .

Lisa, Tim und Lola

sollen am  lesen.

> So, so.
> Sind Esel
> also dumm?
> Unsinn!

Dummer Esel?

Bei Gefahr bleiben Esel oft stehen.

Sind Esel also dumm?

Nein!

Esel denken nur

genau nach,

bevor sie etwas tun.

★ Am Kanal

Lola ist mit Imo am Kanal.

Da kommen Kanus.

O – da ist Lea im Kanu!

Lea kann toll paddeln.

Lola!

O – Lea!

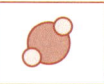 Kannst du im Kanu paddeln?

 Im Kanal

Leas Kanu kippt um.

Mist !

Da kommt Opa

mit dem Kanu.

Lea nimmt Opas Paddel.

So kommen alle an Land.

Es ist
so kalt !

Lea ist total nass.

Da kommen

Lola und Imo.

 Im Kanal,

da paddeln alle:

Lea, Opa, Oma, Kalle.

Alle haben Westen an,

damit niemand ertrinken kann.

★ Am See

Lisa, Tim und Lola
sind mit Papa am See.
Tim und Papa lesen.
Lola malt.
Da sind Enten im See!
Lisa nimmt Kekse.

Lass das!

Nee, Lisa!

Enten füttern
verboten!

Kommt, alle Enten!

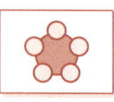 Sollen Enten Kekse essen?

⭐ Sollen Enten Kekse essen?

Tim nimmt Papas  .

Lisa tippt in den Kasten:

Essen Enten Kekse?

Alle lesen:

Ente online

Das essen Enten:

Lolas Plakat

Bitte nicht füttern!

Brot

Davon werde ich krank!

Kekse

Schokolade

Pommes

★ Kalte Nudeln ?

Alle sind im  .

Mama und Papa sind im Kino .

Im 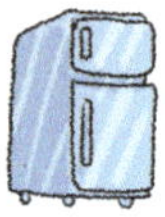 sind Nudeln .

Sollen alle kalte Nudeln essen ?

Da sind Tomaten und Pesto .

Lisas Idee :

Nudelsalat !

Sind im Kino.
Essen ist im .
Mama und Papa

Im Land
der Kamele

Am 20.11. um 18 Uhr
im Apollo-Kino

Lest im Tandem .

 Nudelsalat

Lisa nimmt alle Nudeln.

Tim  Tomaten.

Lola nimmt das Pesto.

Und nun?

Lisa nimmt Papas  .

Da sind tolle Tipps!

Papas Nudelsalat

- kalte Nudeln
- Tomaten
- etwas Pesto
- Mozzarella,
  wenn man mag
- etwas Salz, Pfeffer,
  Öl und Essig

3 Das wollen wir wissen!

⭐ **Kennst du Kresse?**

> Kresse kann man essen!

Bela hat kleine Samen.
Es sind Kresse-Samen.

Bela holt einen Teller.
Er nimmt etwas Watte,
Samen und Wasser.

Am Fenster ist es
hell und warm.
So kann Kresse keimen.

Saat   Ernte

❀ Lasst Kresse in der Klasse keimen.
Wann kommt das erste Blatt?

⭐ Ideen mit Kresse

Kresse kann man essen!

Du kannst Brote mit etwas Butter
und Kresse essen.

Oder du kannst Eier braten
und mit etwas Kresse essen.

Und Hummus oder andere Dips
mit Kresse sind super!
Iss Karotten oder Kohlrabi
mit einem Dip.

Lolas Kresse-Tagebuch

1. Tag

2. Tag

3. Tag

Ich habe die Samen
in nasse Watte gelegt.

Ich habe nichts
gesehen.

★ Seltsame Wesen im Wasser

1

Am Boden des Meeres
lebt ein
seltsames Wesen.
Am Kopf hat es 8 Arme.

Delfin

2

Es ist kein Hai,
sondern ein kleiner Wal.
Er lebt im Meer,
aber er muss
immer Luft holen.

Krokodil

3

Das Wesen lebt
in einem See oder Fluss
und an Land.
Es hat 4 Beine und kann
sehr alt werden.

Krake

1: ein Krake, 2: ein Delfin, 3: ein Krokodil

  Was ist das? Ratet mal.

✳ Der Salamander

Der Salamander ist
ein besonderes Wesen.

Nur in den ersten Monaten seines Lebens
lebt der Salamander im Wasser.

Dann lebt er an Land weiter,
besonders im Wald.

Im nassen Moos ist der Salamander oft.

Man kann ihn aber nur selten sehen.

✶ Welche Tiere leben am oder im Wasser?

★ So war es damals

Als Lisas Eltern klein waren,
waren  und sehr selten.

Wer etwas wissen wollte,
musste in einem lesen.

Wer in den Ferien war,
konnte nur eine Karte
mit der Post senden.

Liebe Oma!
Im Tal ist es toll.
Lola ist nett.
Imo macht Unsinn.
Bis bald!
Tim

Frau
Isa Molat
Am See 3
94554 Moos

Wer seine Eltern
anrufen wollte,
musste im Ort
ein Telefon finden.

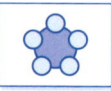 Was ist nun anders?

☀ Das Internet

Das Internet kann uns oft helfen.

Man kann dort Infos finden.

Und man kann Infos oder Fotos

sofort an andere senden.

So kann man mit aller Welt

Kontakt haben.

Ist das Internet nur toll?

Was kennst du?

www   SMS   *E-Mail*   **App**

Tablet   COMPUTER   **Handy**

surfen   **chatten**   **zocken**

⭐ Unser Mond

Der Mond ist kleiner
als unsere Erde.
In einem Monat kreist er
einmal um unsere Erde.

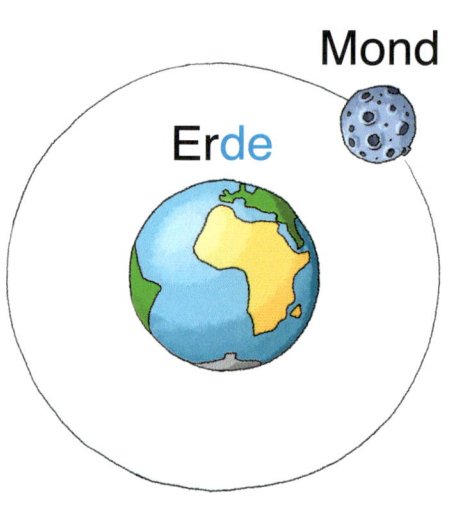

Mond

Erde

Der Mond ist weit entfernt.
Aber mit einem
besonderen Fernrohr
kann man den Mond
prima sehen.
Man nennt es
Teleskop.

  Wer ist kleiner:
der Mond oder unsere Erde?

⭐ Auf dem Mond

Ein Amerikaner betrat
als Erster den Mond.

Der Mann hat dort
eine Fahne hinterlassen.
Weil dort kein Wind ist,
ist Draht in der Fahne.

Das war
im Sommer 1969.
Alle sahen es damals
im Fernsehen.

Fahne   Atemluft

Oma, hast du das
damals am Fernseher
miterlebt?

Wer war die erste Frau im Weltall?
Die erste Frau im Weltall war eine Russin.
Walentina Tereschkowa flog
49 Mal um die Erde.
Der Flug dauerte 3 Tage.
Das war im Sommer 1963.

Ich und du und andere

★ **Meine Familie**

Das bin ich,
das bist du,
und die Oma
noch dazu.
Mama, Papa,
das ist klar,
finde ich ganz wunderbar.

Giulia

Mit Papa mach ich tolle Sachen,
mit Papa kann ich ganz oft lachen.
Ich habe einen Wunsch allein:
Papa soll immer bei mir sein!

Paul

Das sind wir!

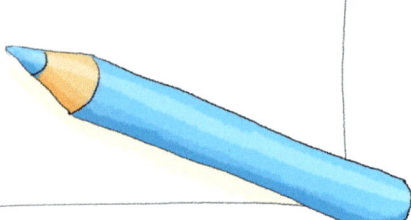

 Male deine Familie. Schreibe dazu.

 **Ich**

Ich kann halt nicht um*hin*,
ich bin so wie ich bin.
Ich kann auch nichts da*zu*.
Ich bin stets ich, nie du.

Alfons Schweiggert

ernst

lustig

neugierig

froh

zornig

zufrieden

mutig

traurig

stolz

ängstlich

glücklich

Heute bin ich
lustig .
Wie bist du ?

Heute bin ich ...

st*o*lz

Heute bin ich **stolz** ,
weil ich ganz allein zur Schule
gegangen bin.   Tim

Heute bin ich
MIES VAN HOUT

aracari verlag

★ Das ist eigentlich MEIN Geburtstag!

Heute ist mein Geburtstag,
und ich habe alle meine
Freunde eingeladen.
Alle meine Freunde –
und Lola!

„Sieh mal, Charlie,
welche Karten du bekommen hast …"

„Lola!", sage ich.
„Du hast MEINE ganze Post
aufgemacht?!"

Und Lola sagt:
„Habe ich. Mama hat gesagt,
ich soll dabei helfen, dass du einen
BESONDERS tollen Geburtstag hast.
Deswegen wollte ich dir
mit deinen Karten helfen."

Lauren Child

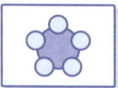  Was hat Lola gemacht? Wie findet ihr das?

4

✳ Eine Karte zum Geburtstag

Lieber Charlie,
zu deinem Geburtstag alles Gute!
Feierst du heute mit deinen Freunden?
Das wird sicher super!
Am Sonntag kommen Opa und ich
dich besuchen.
Wir freuen uns schon riesig
auf den Ausflug mit dir!
Bis bald!

Oma und Opa

GUTSCHEIN

für einen Besuch im

FREIZEITPARK

mit

Oma und Opa

1 Mal
WILDE MAUS
mit Oma

1 Mal
ACHTERBAHN
mit Opa

1 Mal
RIESENRAD
mit Oma + Opa

1 Mal EIS
und POMMES

⭐ Wo ist Paul?

Dario muss nicht allein

zur Schule gehen.

Paul holt Dario immer ab.

Doch heute ist es anders.

Es ist morgens,

sieben Uhr.

Dario wartet auf Paul.

Sein Freund kommt

sonst immer.

Aber heute kommt er nicht.

Papa sagt: „Geh los, Dario!"

Also rennt Dario allein los.

Auf dem Schulhof ist Paul!

Er redet mit Leo.

Beide lachen laut.

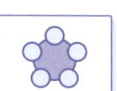 Wie geht es Dario nun?

✳ Allein sein

Sie sind zu zweit,
sie sind zu dritt.
Ich bin allein,
ich spiel nicht mit.

Ich spiel nicht mit,
ich bin allein.
Es ist gemein,
allein zu sein.

Jutta Richter

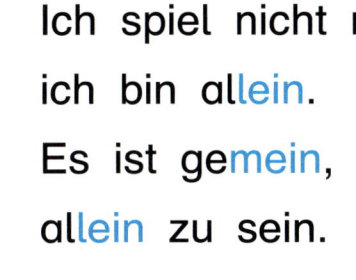

✩ Versöhnung

Gestern haben wir gestritten.
Heute möchte ich dich bitten,
dass du nicht mehr böse bist
und den blöden Streit vergisst.

Lieber ▦, sei wieder froh!
Spielen wir jetzt Domino?

Georg Bydlinski

⭐ Was kannst du gut?

Dario sagt:

„Ich kann gut klettern.

Es ist toll,

im Wald zu klettern."

Nina meint:

„Ich kann gut lesen.

Wenn ich Zeit habe,

lese ich den ganzen Tag."

Tim ruft:

„Ich kann super malen!

Ich kann schnell schwimmen.

Alles kann ich echt gut!"

Lisa antwortet:

„Du kannst heute

besonders gut angeben!"

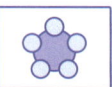  Schreibe auf,
was du gut kannst.

Was Lisas Freundin gut kann

Lisa hat eine Freundin.
Ihr Name ist Laura.
Laura kann gut lesen,
obwohl sie blind ist.
Wie macht sie das?
Lauras Schrift ist anders.
Laura kann sie ertasten.

> Mach die Augen zu.
> Lass dich durch
> die Schule leiten.
> Wie findest du das?

Eine Schrift für die Blinden

Die Blindenschrift hat Muster mit Punkten.
Besondere Maschinen haben die Punkte
in das Papier gedrückt. So kann man
die Punkte mit den Fingern ertasten.
Jeder Buchstabe hat ein Muster
aus sechs Punkten.
Lies mal:

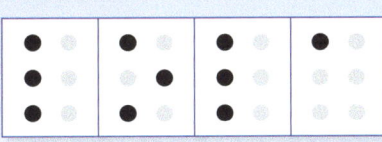

Lösung: LOLA

⭐ Eine Neue in der Klasse

Am Morgen haben die Kinder Freiarbeit.
Alle rechnen ihre Aufgaben.

Da kommt Frau Koch herein.
Ein fremdes Kind ist bei ihr.

„Guten Morgen", sagt Frau Koch.
„Das ist Rama.
Sie kann noch nicht
so gut Deutsch.
Aber sicher werdet ihr euch
schnell mit Rama anfreunden."

Alle schauen Rama an.
Rama schaut auf den Boden.

Da meldet sich Mia:
„Rama kann gern
neben mir sitzen."

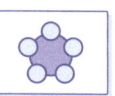 Warum schaut Rama auf den Boden?

Buchstabenheft 4: Gg Au au Sch sch ie Zz Eu eu Ch ch

⭐ Willkommen, Rama!

W ie sie wohl ist?

I st sie nett?

L asst sie mit uns lernen.

L asst uns Freunde werden.

K ommt sie aus einem anderen Land?

O der aus einem fernen Ort?

M ia will neben ihr sitzen.

M orgen kennt Rama uns schon ein wenig.

E s ist heute nicht leicht für sie –

N eu zu sein.

Willkommen

Überall auf der Welt
sagen Menschen **willkommen**.
Welche Sprachen
kennst du?

Hoş geldiniz

خوش آمدید

добро пожаловать

Bienvenido

Welcome

...

5 Spiel und Spaß

Spiele mit Wörtern

Krokodil Karl kaut Kaugummi.

Anna angelt Ananas.

Viktoria verjagt Vampire.

Spinnen sprechen Spanisch.

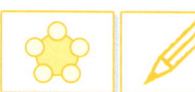

¡Hola!

berta bastelt ...

Was ist das Besondere an diesen Sätzen?
Schreibe eigene Sätze auf.

 **Zungenbrecher**

Zwischen zwei spitzen Steinen
sitzen zwei zischende Schlangen.

Zwanzig Zwerge zeigen Handstand,
zehn im Wandschrank,
zehn am Sandstrand.

Sprich die Sätze erst langsam, dann immer schneller!

 **Reingelegt!**

Sag mal ganz schnell hintereinander: getrocknetes Gras.

Getrocknetes Gras, getrocknetes Gras, getrocknetes Gras ...

Ich kann es viel schneller: Heu, Heu, Heu!

★ Witze

Wer kann mir
fünf Tiere aus
Afrika nennen ?

Ein Löwe und
vier Zebras !

Papa,
wie viel Zahnpasta
ist wohl
in einer Tube ?

Schwer zu sagen ...

Über fünf Meter !

Häschen geht
in einen Laden
und fragt:
„Hattu ...“

 Erzählt euch Witze.

 **Rätsel**

Das stärkste Tier,

wer nennt es mir,

das immerfort,

von Ort zu Ort,

sein Haus trägt

ganz alleine fort?

die Schnecke

Ich hänge an der Wand,

du gibst mir oft die Hand.

das Handtuch

 Scherzfragen

1. Welchen Tisch kann man essen?

2. Welcher Baum hat keine Wurzeln?

3. Was hat viele Blätter und ist doch

kein Baum oder Strauch?

1. den Nachtisch, 2. der Purzelbaum, 3. das Buch

⭐ Ein Spiel aus Afrika

Drei oder vier Kinder spielen mit.
Jeder legt acht Steine in sein Feld.

1

Ein Kind beginnt. Es merkt sich seine Steine. Dann macht es die Augen zu.

2

Die anderen Kinder nehmen ihm jeweils einen Stein weg und legen ihn in ihr Feld.

3

> Das ist mein Stein!

> Stimmt! Da hast du ihn wieder.

Das erste Kind muss nun seine Steine wiederfinden.

4

> Das ist mein Stein!

> Falsch! Nun gehört er mir.

Schafft es das nicht, behält das andere Kind den Stein.

Wer am Ende die meisten Steine hat, hat gewonnen.

 Probiert das Spiel aus.

✳ Ein Spiel aus Italien

Bildet einen Kreis und fasst euch an.
Nun müsst ihr euch verknoten:
Steigt übereinander und
untereinander weg.
Lasst euch dabei nicht los!

Zwei Kinder warten solange
vor der Tür.
Dann versuchen sie,
den Knoten zu lösen.
Dabei darf keiner
loslassen!

Am Ende sollen alle
wieder im Kreis stehen.

Der Name des
Spiels ist Spaghetti.
Warum wohl?

 Ein Abzählreim aus Italien

Uno, due, tre,
patate, spaghetti, caffè,
patate, spaghetti, caffè, caffè,
uno, due, tre.

 ## ★ Sterntaler

Ein Mädchen
mitten in der Nacht?
Was dieses Mädchen
hier wohl macht?

 Ich habe nichts, nur mein Gewand
und ein Stück Brot in meiner Hand.
Hab keine Eltern, bin allein.
Wo schlafe ich heut Nacht wohl ein?

 Hat keine Eltern, ist allein.
Wo schläft das Mädchen heute ein?

 Hungrig bin ich schon seit Tagen.
Immer wieder knurrt mein Magen.
Wer hilft mir in meiner Not?

 Gerne schenk ich dir mein Brot.
Ich freu mich, wenn ich helfen kann.
Auf Wiedersehn! Bis irgendwann!

 Sie freut sich, wenn sie helfen kann.

 Hab Dank. Bis bald. Bis irgendwann.

 Lest das Stück mit verteilten Rollen.

Oh, wie kalt ist es geworden!
Eisig bläst der Wind von Norden!
Ist da jemand? Wer hilft mir?

Meine Jacke schenk ich dir.
Ich freu mich, wenn ich helfen kann.
Auf Wiedersehn! Bis irgendwann!

Sie freut sich, wenn sie helfen kann.

Hab Dank. Bis bald. Bis irgendwann.

(Hier hilft Sterntaler noch anderen Kindern in Not.)

Mir ist so kalt.

Da fingen die Sterne zu funkeln an
und fielen vom Himmelszelt.
Im Hemd des Mädchens wurden sie
Sterntaler und viel Geld.

Bernhard Lins

Ver rückte Mä  **chen-Namen**

Es waren einmal drei Mädchen:
Schneetaler, Rotwittchen und Sternkäppchen.
Sie beschwerten sich über ihre Namen.
Wie heißen die drei Mädchen richtig?

Schnee · wittchen
Rot · taler
Stern · käppchen

Lösung: Schneewittchen, Rotkäppchen, Sterntaler

6 Bücher, E-Books und mehr

⭐ **Über das Lesen**

Ich habe heute
ein Buch gelesen.
Das war
wie ein Film
in meinem Kopf.

Linda

Irgendwann
braucht jedermann
ein Buch,
mit dem er
reden,
lachen,
weinen,
träumen,
reisen
kann.

Hartmut Kulick

Ich nahm das kleine Buch zur Hand.
Mir wurden die Augen groß,
weil alles ringsumher verschwand.
Und schon ging die Reise los.

Frantz Wittkamp

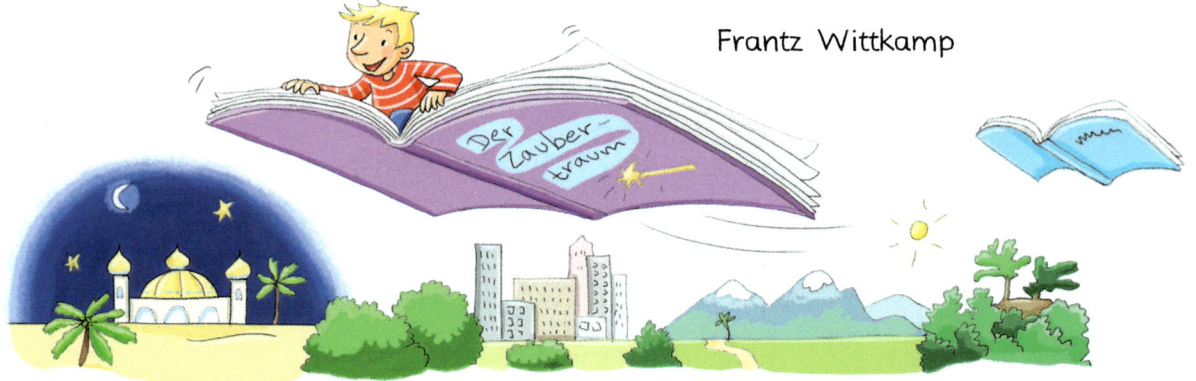

Der Zaubertraum

 Welche Bücher liest du gern?

⭐ In der Bücherei

Hast du schon einen Bücherei-Ausweis?

Mateo leiht sich gerne Bücher

aus der Bücherei aus.

Bücher über Superhelden liest er gern.

Anna mag Bücher über Hunde und Comics.

Manchmal leiht sich Anna auch

Filme oder Spiele aus.

Alles darf man einige Wochen behalten.

Dann muss man es wieder abgeben.

E-Books*   * sprich: I-Bucks

In der Bücherei kannst du dir
manche Bücher auch als E-Book
ausleihen.
Dann hast du die Geschichten
als Datei auf deinem Gerät.
Du kannst sie überall lesen –
auch im Urlaub.

Sind E-Books immer toll?

Es gingen drei Kinder durch den Wald

Es gingen drei Kinder
durch den Wald.
Die Kinder waren jung,
der Wald war alt.

Da haben die drei unter Fichten versteckt
ein steinernes uraltes Haus entdeckt.

Sie klopften an. Kein Mensch rief: „Herein."
Da fassten sie Mut und traten doch ein.

Sie blickten sich in der Stube um.
Da sahen sie stehen, verstaubt und stumm:

Eine uralte Uhr, eine uralte Bank,
einen uralten Tisch, einen uralten Schrank.

Der Schrank war wie der Himmel blau
und hatte Schubladen, zwölf genau.

Josef Guggenmos

 Male das Zimmer mit dem Schrank.

In der **ersten** lag ein gläserner Ball,

in der **zweiten** ein Posthorn aus gelbem Metall.

In der **dritten** ein Männlein aus Elfenbein,

in der **vierten** ein Ring mit grünem St

In der **fünften** lag ein vertrockneter Strauß,

aus der **sechsten** sprang eine silbrige M

In der **siebten** lag ein zerbrochener Krug,

in der **achten** ein Bild: brauner Adler im Fl

In der **neunten** ein Gewicht aus Blei,

die **zehnte** war voll von allerlei.

In der **elften** lag ein Seidentuch,

in der **zwölften** ruhte ein uraltes B

Auf dem Buch stand geschrieben:

Nimm und lies!

Sie schlugen das Buch auf,

da lasen sie dies:

Josef Guggenmos

Der Staub hat einige Reimwörter versteckt. Findest du sie?

Es gingen drei Kinder durch den Wald.
Die Kinder waren jung,
der Wald war alt.

Lösung: Stein, Maus, Flug, Buch

Das Posthorn

Vor langer Zeit kündigte man mit dem Posthorn Abfahrt und Ankunft der Post an. Mit der Kutsche war die Post viele Tage unterwegs. Heute versendet man Briefe oft einfach mit dem Computer*. Das geht blitzschnell.

* sprich: Kompjuta

⭐ Das kleine Gespenst

Auf Burg Eulenstein hauste

seit uralten Zeiten

ein kleines Gespenst.

Tagsüber schlief es in einer Truhe.

Erst nachts,

wenn die Uhr Mitternacht schlug,

erwachte das kleine Gespenst.

„Schade, dass ich das Städtchen

immer nur nachts sehe

und niemals bei Tag", sagte es.

Wieder einmal schlug die Uhr zwölf

und wie immer erwachte das kleine Gespenst

mit dem letzten Glockenschlag.

Es dauerte einige Zeit,

bis ihm klar wurde,

was geschehen war.

„Es ist Tag, es ist heller Tag", rief es vor Freude.

Neugierig eilte das kleine Gespenst

die Treppe hinunter …

Otfried Preußler

  Was erlebt das Gespenst wohl am Tag?

✴ Ein Gespenst basteln

Du brauchst: ein Taschentuch, Watte, einen weißen Faden, einen schwarzen Filzstift

1

So geht es:
Falte ein Taschentuch
auseinander.

2

Nimm etwas Watte
und forme eine Kugel
für den Kopf.

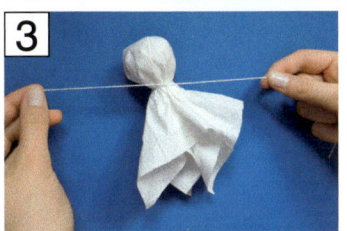
3

Umhülle die Kugel
mit dem Taschentuch und
knote einen Faden darum.

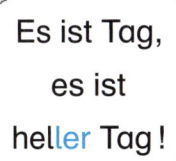
Es ist Tag,
es ist
heller Tag!

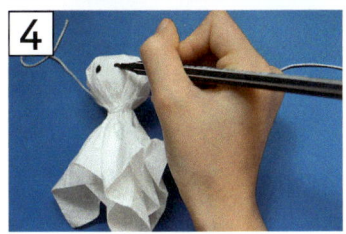
4

Male dem Gespenst
Augen und Mund auf.
Fertig!

 Wer das kleine Gespenst erfunden hat
Otfried Preußler hat sich die Geschichten
vom kleinen Gespenst ausgedacht.
Er ist der **Autor**.
Das war vor über 50 Jahren.
Viele Kinder haben das **Buch** seitdem gelesen.
Heute gibt es die Geschichte auch
als **E-Book***, **Hörspiel** oder **Film**.   * sprich: I-Buck

⭐ Hugo will ein Held sein

Hugo ist nur ein kleiner Hund, kein Held.
Aber eines Tages findet er
einen geheimen Keller.
Dort sind tolle Sachen …

Hugo probierte die roten Stiefel an.
Und die schwarze Augenmaske.
Cool* sah das aus!
Aus seiner Decke
machte er sich einen Umhang.

*sprich: kuhl

Ich brauche Raketen-Antrieb!,
überlegte Hugo.
Er schaute in einem Buch nach,
wie man eine Rakete baut.
Es klang ganz leicht.
Hugo baute zwei Raketen
für die roten Stiefel.

„Schick", sagte Hugo.
„Ab sofort bin ich Superhugo."

Salah Naoura

  Welche Superhelden kennt ihr?

Superhugo und der Frosch

„Achtung, Achtung! Hier kommt Superhugo!"

„Oh, wie gut, dass du kommst!",
rief ein kleiner Frosch.
„Ich muss ans andere Ufer,
aber der Fluss ist zu breit.
Hilf mir, Superhugo!"

Aber Superhugo war gerade
sehr beschäftigt.
„Später vielleicht", sagte Superhugo.

Danke,
Superhugo!

„Ist gut", seufzte der Frosch.

Superhugo kletterte
auf einen Stein
und zündete
die Klobürsten ...

KNALL!
BUMM!

Salah Naoura

Superfragen

1. Wo fand Hugo tolle Sachen?
(a) auf dem Dach   (b) im Keller   (c) in der Küche

2. Was fand Hugo im Keller?
(a) gelbe Stiefel   (b) eine Augenmaske   (c) einen schwarzen Umhang

3. Half Superhugo dem Frosch am Ende doch noch?
Schau dir die Bilder genau an.
(a) ja   (b) nein

Lösung: 1b, 2b, 3a

⭐ Helfer auf vier Pfoten

Hunde sind nicht nur treu,
sondern oft wichtige Helfer.

Hunde haben eine gute Nase.
Sie finden auch Menschen,
die von einer Lawine
verschüttet wurden.

Lawinenhund

2 Meter

verschütteter
Mensch

Manche Hunde helfen der Polizei.
Sie können Spuren verfolgen.

Blinde Menschen
haben oft
einen Hund
als Führer.

Im Norden gibt es Hunde,
die Schlitten ziehen.

Und manche Hunde
spielen sogar
in Filmen mit.

 Welche Filme und Bücher
mit Hunden kennst du?

6

★ **Welcher Hund ist es?**

 ① ②  ③

Rasse	Größe	Fell	Verhalten
(A) Malteser	20 bis 25 Zentimeter	weiß, sehr lang und dicht	treu, gut als Familienhund
(B) Neufundländer	62 bis 75 Zentimeter	schwarz, sehr lang und dicht	sehr aktiv, gut als Blindenhund
(C) Schäferhund	55 bis 65 Zentimeter	schwarz und braun, lang	wachsam, gut als Blinden- hund oder Lawinenhund

Lösung: 1 B, 2 C, 3 A

Der Husky*

Huskys werden 55 bis 60 Zentimeter groß.

Sie können gut in einer Familie leben.

Man sollte sie aber nicht einzeln halten,

denn diese Hunde leben gern im Rudel.

Huskys werden auch als Schlittenhunde eingesetzt.

Bei ihrem dichten Fell macht ihnen Kälte nichts aus.

* sprich: Hasski

⭐ Auf dem Pferdehof

Pia kann es kaum erwarten.
Heute wird sie endlich Reiten lernen!

Vor dem Pferdestall stehen
ein Mädchen und ein Junge.
Die wollen auch reiten, denkt Pia.
Eine junge Frau begrüßt die Kinder.
„Hallo! Ich bin Lena, eure Reitlehrerin!
Kommt mit!"

In den Stallboxen
stehen die schönsten Pferde,
die Pia je gesehen hat.
Eines streckt den Kopf heraus.
Es ist ein grauer Andalusier
mit einer weißen Mähne.

„Wie wunderschön du bist!",
sagt Pia leise.
„Ich wünschte,
ich könnte heute auf dir reiten."

Amelie Benn

Bist du schon einmal auf einem Pferdehof gewesen?
Erzähle.

✳ Amigo heißt Freund

„Zuerst die Fellpflege,
die ist sehr wichtig",
sagt Lena und drückt jedem
eine Putzbox in die Hand.

Dann gehen sie zu dem Pferd,
das sie heute reiten werden.
„Dies ist Amigo", sagt Lena.
„Das heißt *Freund* auf Spanisch."

Pia kann es kaum glauben:
Amigo ist der schöne Andalusier,
den sie vorher gestreichelt hat.
Ihr Wunsch hat sich erfüllt!

Amelie Benn

Die richtige Vorbereitung

Mit Striegel und Kardätsche wird Amigos Fell gebürstet,
mit einem Kamm die Mähne und der Schweif.
Zum Schluss werden noch die Hufe ausgekratzt.
Lena sattelt Amigo und zieht ihm die Trense auf.
Die Reitstunde beginnt!

Amelie Benn

① Striegel ② Kardätsche ③ ④ Sattel ⑤ Trense — Huf kratzer

Lösung: 3: Hufkratzer, 4: Sattel, 5: Trense

⭐ Treffen ohne Trainer*

*sprich: Trena

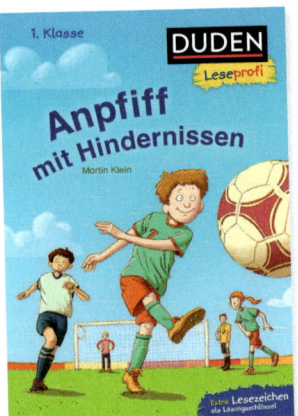

Matti ist aufgeregt.

Heute spielt er auswärts.

Das gab es für Matti noch nie.

Kicken in einer anderen Stadt!

Treffpunkt ist der Parkplatz am Supermarkt.

Matti und sein Vater sind als Erste dort.

Die anderen Kinder kommen nach und nach.

Jetzt sind alle da.

Fast alle.

Einer fehlt noch.

Trainer Chris.

Wo bleibt er?

Matti hat eine Idee: „Wir holen Chris ab!"

Wenig später hupen vier Autos

vor seiner Wohnung.

Chris blinzelt aus dem Fenster.

„Sorry!", ruft er im Pyjama*.

Drei Minuten danach ist er startklar.

*sprich: Püdschama
= Schlafanzug

Martin Klein

  Erzähle ein Erlebnis vom Sport.
Schreibe dazu.

Eine schwere erste Halbzeit

Matti und die anderen Spieler
rennen zu den Kabinen.
Alle ziehen sich hastig um.
Die Neudorfer Kicker warten auf dem Platz.

Der Schiri pfeift energisch an.
Matti spielt nach dem Anstoß
gleich einen Fehlpass.
Erik hat offene Schnürsenkel.
Torwart Levi von Concordia
hat keine Chance*.

„Wacht endlich auf!", ruft Chris.
„Das sagt der Richtige", mault Frieda.
Matti klatscht in die Hände.
„Wir geben trotzdem nicht auf!"
Kurz vor der Halbzeit
spielt er Erik wunderbar an.
Tor für die Gäste!

Martin Klein

*sprich: Schongze

= Glück

Kennst du
dich aus?

Für Fußball-Profis

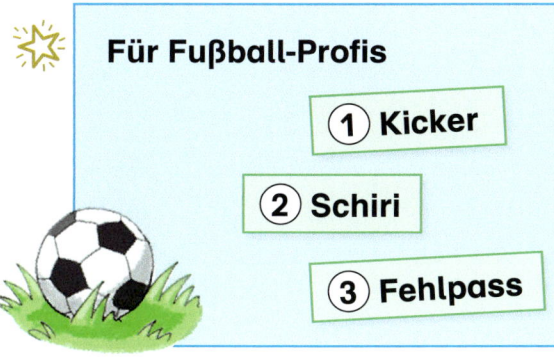

① **Kicker**

② **Schiri**

③ **Fehlpass**

ⓐ Abkürzung für Schiedsrichter

ⓑ wenn der Ball aus Versehen
beim Gegner landet

ⓒ anderer Name für Fußballer

Lösung: 1 c, 2 a, 3 b

⭐ Kiste

Patrick Wirbeleit & Uwe Heidschötter

Lest den Comic zu dritt.

✴ Kiste und Mattis

MATTIS SCHMIDT ist eigentlich
ein ganz normaler Junge.
Er bastelt und erfindet gerne Sachen.
Eines Tages lernt er eine lebendige
Werkzeug-Kiste kennen.

KISTE ist die Werkzeug-Kiste
eines Zauberers.
Er wird bald Mattis bester Freund.
Wenn Erwachsene Kiste sehen,
fallen sie in eine Art Schockschlaf.
Nur das grüne Pulver des Zauberers
kann sie wieder wecken.

☆ **Einen Comic zeichnen**

Wie könnte die Geschichte
mit Mattis und Kiste
weitergehen ?
Male und schreibe
dazu.

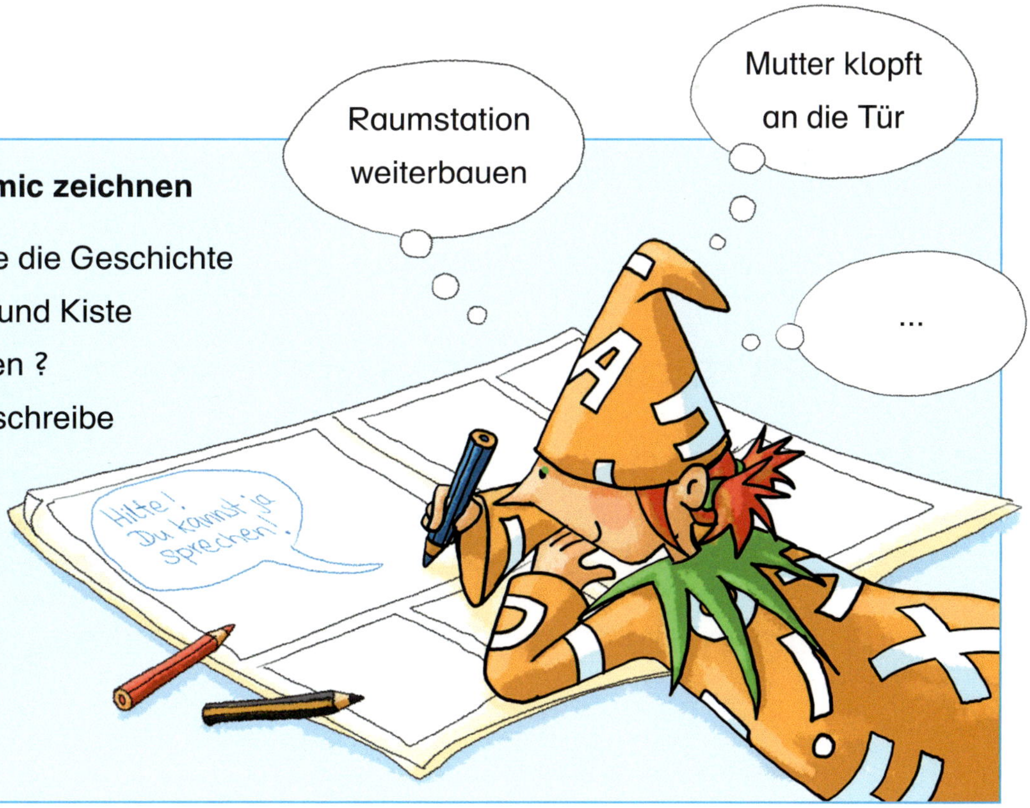

Raumstation weiterbauen

Mutter klopft an die Tür

...

7 Das Jahr ist wie ein Buch

★ Das Jahr ist wie ein Buch

Musik und Text: Christa Zeuch

Das Jahr ist wie ein Buch, in dem man le - sen kann. Und hast du Lust, dann schau es dir von vorn bis hin - ten an, und hast du Lust, dann schau es dir von vorn bis hin - ten an.

Das Jahr ist wie ein Buch,

in dem man lesen kann.

Und hast du Lust,

dann schau es dir

von vorn bis hinten an.

 Singt das Lied gemeinsam.

1. Stehn vier Geschichten drin,
vier Märchen wunderbar.
Das **erste** spricht vom Zaub'rer Grün,
der grad noch schlafend war.

2. Das **zweite** spricht ganz bunt,
ihr könnt es selber sehn,
weil alle Farben dieser Welt
im zweiten Märchen stehn.

3. Im **dritten** Märchen geht
ein stolzer Königsmann,
hat lauter Schmuck in Rot und Gold
und Flammenkleider an.

4. Ist's dir zu still und weiß
im **vierten** Märchen dann,
so klapp das Buch ganz einfach zu
und fang ein neues an.

Christa Zeuch

Jm Sommer esse ich gerne Eis.
Im Herbst sammele ich gerne kastanien.
Lola

Was ist mit den vier Geschichten gemeint?

★ Ernte

Das Bild ist fast 500 Jahre alt.
Damals war die Ernte
besonders harte Arbeit.

Garben   Sense

Kornernte, 1565   Pieter Bruegel

Wie erntet man Korn heute?

✳ Erntedank

Im Sommer

ernten die Bauern

Korn  ,

Obst

und Gemüse  .

Im Herbst

danken wir

für die Ernte.

 Herbst-Lied

Bunt sind schon die Wälder,
gelb die Stoppelfelder,
und der Herbst beginnt.
Rote Blätter fallen,
graue Nebel wallen,
kühler weht der Wind.

Johann G. von Salis-Seewis

Blätter
kann man
pressen.

★ Sankt Martin

Simone Martini

Es ist so kalt.
Der arme Mann
hat keinen Mantel.
Da kommt Martin.
Er teilt seinen Mantel.

Laterne, Laterne,
Sonne, Mond
und ⭐⭐.

 Was teilst du?

Novembernebel

Wo ist die  ?

Wo sind die ?

Vom Nebel verdeckt,

im Nebel versteckt.

Novembernebel

Novemberne

November

Novem

No

Martina Schramm

November

Auch das grünste Laub,

jetzt im November wird es braun,

und es fällt

und es fault,

und im Frühjahr

ist es schon grauer Staub.

Alfons Schweiggert

★ Nikolaus

Kommt der Nikolaus
auch zu dir?

Ni
Niko
Nikolaus

Komme nun
in unser Haus
mit den guten Gaben.

Lerne das Gedicht auswendig.
Klatsche in Silben dazu.

Was ist in deinem  ?

In mei**nem**  sind Nüs**se**.

In mei**nem**  sind Nüs**se**
und ein Ap**fel**.

In mei**nem** sind Nüs**se**,
ein Ap**fel**
und ei**ne** Man**da**ri**ne**.

In mei**nem**  sind …

In mei**nem** sind …

Wer war Nikolaus?
Nikolaus war
ein Bischof, der
in der Türkei lebte.
Er half Menschen,
wenn sie
in Not waren.
Kindern gab er gern
etwas Gutes.

⭐ Am Heiligen Abend

Da ist die

mit dem  !

An der  sind und .

An der  ist ein  .

An der  ist ein  .

An der  sind  .

Und die  kom**men** !

Al**le** kom**men** zur  .

 Wer ist alles an der  ?

7

✳ Im Advent

Advent, Advent,
die **erste**  brennt.
Macht die  weit,
macht euch nun bereit.

Advent, Advent,
die **zweite**  brennt.
Und in der Winterluft
ist feiner -Duft.

Advent, Advent,
die **dritte**  brennt.
Lasst den hellen Schein
in alle  rein!

Advent, Advent,
die **vierte**  brennt.
Die Weihnacht ist bald da.
Wir rufen laut: „Hurra!"

Martina Schramm

✳ **Dezember-Rätsel**

Die Schale ist hart,
doch gut schmeckt der Kern.
Besonders zu Weihnachten
isst du sie gern.

die Nuss

Hat 24 Türen,
durch keine kannst du gehen.
Rate, was es ist.
Kannst du es verstehen?

der Adventskalender

★ Meleks Lieblingsfest

Jedes Jahr zu einer anderen Zeit
Zuckerfest

Selam*! Ich bin Melek.

Meine Familie feiert

kein Weihnachten.

Aber ich freue mich schon riesig

auf das Zuckerfest!

Oma und Opa feiern mit uns.

Und Tante Esra und

Onkel Hamid kommen.

Es gibt tolles Essen

und wir Kinder bekommen

Geschenke.

*Selam bedeutet *Hallo* auf Türkisch.

 Welches ist dein Lieblingsfest?

⭐ Jarons Lieblingsfest

Jedes Jahr im November oder Dezember

Chanukka

Shalom bedeutet *Hallo* auf Hebräisch.

Shalom*! Ich heiße Jaron.

Mein Lieblingsfest ist Chanukka.

Das Lichterfest dauert acht Tage.

Wir haben einen besonderen Kerzenleuchter.

Jeden Abend zünden wir

eine Kerze mehr an.

Und an jedem Abend

bekommen die Kinder

kleine Geschenke.

Wir essen Kartoffelpuffer

und spielen zusammen

mit der Familie.

Feste in aller Welt

Es gibt viele Feste auf der Welt.

Oft haben sie mit einer Religion zu tun.

Tim und Lisa feiern zum Beispiel

Weihnachten und Ostern.

Melek feiert das Zuckerfest am Ende von Ramadan.

Jaron feiert das Lichterfest Chanukka.

Welche Feste feierst du?

⭐ Finn und Frieda wecken den Winter

Finn und Frieda sind sauer.
Es ist Januar, aber noch immer
ist kein Schnee da.
Gemeinsam mit ihren Freunden
wollen sie den Winter wecken.

„Auf geht's!", rief Finn.
„Wir brauchen unsere Wintersachen. Alle!"

Als Erstes holten Finn und Frieda
ihren Schlitten.
William und Darja lieferten dazu
Schlittschuhe, Ski-Bretter
und ein Snowboard.
Sie türmten nach und nach
alle Wintersachen aufeinander.

„Das ist ein Denkmal", erklärte Frieda.
„Es weckt den Winter", erklärte William.

Martin Klein

 Erzählt von Erlebnissen im Winter.

74

✷ Das Denkmal wirkt!

Am nächsten Morgen war alles

von einer zarten Schicht Raureif* überzogen.

Sorgfältig bargen Finn, Frieda,

William und Darja das dünne Weiß.

Endlich hatten sie genug Material

für einen winzigen Schneemann.

Sachte formten sie

einen Supermini-Kugelbauch

und einen noch kleineren Kopf.

Vielleicht war

dieser Schneemann

der kleinste aller Zeiten!

Martin Klein

*Raureif

Winter-Rätsel

Es ist einmal ein Mann gewesen,
der weder schreiben wollt noch lesen.
Er schrieb den eignen Namen nicht,
las weder Zeitung noch Gedicht.
Er stand nur stumm am gleichen Ort.
Der Frühling kam – da floss er fort.
Nichts anderes von ihm übrig blieb,
als das, was ich hier niederschrieb.

Max Kruse

der Schneemann

 **im Februar**

 Im Februar ist es noch ganz schön kalt,

findest du nicht, Zoppo?

 Doch, das finde ich auch, Zipp.

 Und ich kann gar nicht einschlafen,

weil mir so kalt ist!

 Das ist auch kein Wunder!

Deine  schauen

unter der  raus.

 Oh, das tun sie!

Da hast du recht!

 Warum legst du die

dann nicht unter die  ?

 Aber Zoppo! Meinst du etwa,

ich will die kalten

in meinem Bett haben?

 Spielt den Witz.

 Trat ich heute vor die

Trat ich heute vor die Türe,
sapperlot, was sah ich da?
Tanzte da die Gans Agathe
mit dem Truthahn Cha-Cha-Cha.

Und die Hühner und die Tauben
machten „Meck" und schrien „Muh".
Und das Pferd mit seinen Hufen
klapperte den Takt dazu.

Mieze bellte, Karo schnurrte
und die Ziege auf dem Mist
krähte sich die Kehle heiser,
weil doch heute Fastnacht* ist.

Christel Süßmann

*Fastnacht =
Fasching oder Karneval

Lauter Lügen!

Das Schwein piepst.
Die Katze bellt.
Der Hund schnurrt.

bellen schnattern
schnurren grunzen
meckern
krähen wiehern
gurren gackern
piepsen

⭐ Blumen im Frühling

Die ersten Blumen im Jahr
nennt man **Frühblüher**.

Kennst du
Schneeglöckchen

und Krokusse?
Diese Blumen blühen schon
am Ende des Winters.

Danach blühen Tulpen
und Osterglocken.

Lösung: 1a, 2c, 3d, 4b

  Ordnet die Namen den Fotos zu.

✦ Ich lieb den Frühling

Ich lieb den Frühling,
ich lieb den Sonnenschein.
Wann wird es endlich
mal wieder wärmer sein?
Schnee, Eis und Kälte
müssen bald vergehn.

> Singt das Lied als Kanon!

1. Ich lieb den Früh-ling, ich lieb den Son-nen-schein.
2. Wann wird es end-lich mal wie-der wär-mer sein?
3. Schnee, Eis und Käl-te müs-sen bald ver-gehn.
4. (Ostinato) Dum, di da, di dum, di da, di dum, di da, di dum, di da, di

Musik: überliefert
deutscher und englischer Text: volkstümlich

I like the flowers

I like the **flowers**, I like the **daffodils**,

I like the **mountains**, I like the **rolling hills**.

I like the **fireplace**,

when the light is low.

> Das ist das Lied auf Englisch!

★ Basteln für Ostern

Du brauchst:

- Tonkarton
- Geschenkband
- Holzperlen
- Schere
- Kleber

So geht es:

Male ein Ei auf den Karton.
Schneide das Ei aus.
Nimm es als Vorlage und
schneide ein zweites Ei aus.

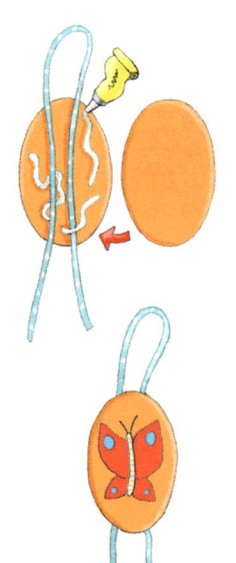

Schneide ein langes Band ab.
Lege das Band auf das erste Ei.
Klebe dann das zweite Ei darauf.

Fädele eine Perle
auf jedes Band.
Mache einen Knoten
unter jede Perle.

Du kannst
die Eier noch
bemalen oder
bekleben!

 Bastelt die Anhänger gemeinsam.

☀ Oster-Gedicht

Ostereier – gut versteckt,
hab euch trotzdem heut entdeckt!
Eins liegt auf der blauen Bank,
eins unter dem Küchenschrank,
eins im Garten in der Hecke,
eins am Zaun, ganz in der Ecke,
eins hab leider ich vergessen,
hat's die Katze aufgefressen.

Martina Schramm

Wo hast du schon mal Ostereier gefunden?

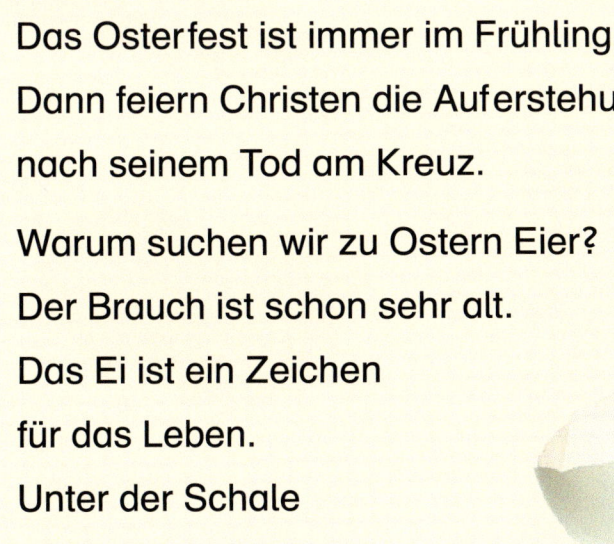

Warum feiern wir Ostern?

Das Osterfest ist immer im Frühling.
Dann feiern Christen die Auferstehung Jesu
nach seinem Tod am Kreuz.

Warum suchen wir zu Ostern Eier?
Der Brauch ist schon sehr alt.
Das Ei ist ein Zeichen
für das Leben.
Unter der Schale
wächst neues Leben.

⭐ Im Sommer

Johannisbeeren B **Erdbeeren** C **Brombeeren** D **Stachelbeeren** E

Im Sommer

kann man

viele Beeren ernten.

Beeren sind gesund.

Du kannst sie einfach so

vom Strauch naschen.

Du kannst sie

in ein Müsli geben

oder Marmelade

daraus kochen.

Himbeeren A

Auch als Saft

oder auf dem Kuchen

sind Beeren lecker!

Welche Beeren

magst du gern?

1

2

3

4

5

Lösung: 1D, 2A, 3E, 4B, 5C

  Ordnet die Namen den Beeren zu.

 **Infos finden**

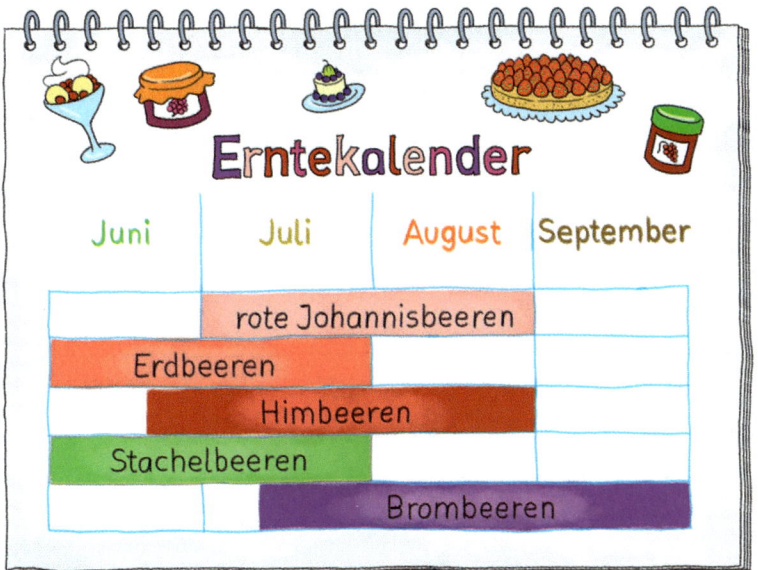

> Die **Buchstaben** zu den rich**t**igen Sät**zen** er**ge**ben ein Wort !

1. Im Ju**ni** und Ju**li** kann man Erd**bee**ren ern**ten**.   **R**

2. Im Sep**tem**ber sind Sta**chel**bee**ren** reif.   **S**

3. Jo**han**nis**bee**ren gibt es von Ju**li** bis Au**gust**.   **E**

4. Him**bee**ren gibt es schon En**de** Juni.   **I**

5. Brom**bee**ren kann man noch im Sep**tem**ber es**sen**.   **F**

Lösung: REIF

 Ich bin der Juli

Grüß Gott! Erlaubt mir, dass ich sitze.
Ich bin der Juli, spürt ihr die Hitze?
Kaum weiß ich, was ich noch schaffen soll,
die Ähren sind zum Bersten voll;
reif sind die Beeren, die blauen und roten,
saftig sind Rüben und Bohnen und Schoten.

Paula Dehmel

Ähren

Erbsen-Schoten

Inhaltsverzeichnis

 **Basisseite**
(Niveau 1)

 **Wahlseite**
(Niveau 2)

 **Wahlseite**
(Niveau 3)

Textquellen

S. 29: Alfons Schweiggert: Ich. Selbstverlag. Rechte beim Urheber, München.

S. 30: Lauren Child: Charlie und Lola. Aber das ist eigentlich mein Geburtstag (Auszug, gekürzt)! Aus dem Englischen von Antje Keil. Originaltitel: This is actually my party! Erschienen bei Puffin Books, London 2006. Deutsche Ausgabe im S. Fischer Verlag GmbH, Frankfurt/Main 2008.

S. 33: Jutta Richter: Allein sein (Originaltitel: Vom Alleinsein). Aus: Jutta Richter: Der Sommer schmeckt wie Himbeereis. Gedichte und Reime für Große und Kleine. Bertelsmann Verlag, München 1990;
Georg Bydlinski: Versöhnung. Aus: Georg Bydlinski: Die bunte Brücke. Herder Verlag, Freiburg – Wien 1992.

S. 44/45: Bernhard Lins: Sterntaler (gekürzt). Aus: Bernhard Lins: Kindertheater aus der Märchenwelt. 13 kurze Rollenspiele. Annette Betz Verlag im Verlag Carl Ueberreuter, Wien-München 2006.

S. 46: Hartmut Kulick: Irgendwann. Aus 9783060835003 Einsterns Schwester Erstlesebuch 2014, Cornelsen Verlag, Berlin.

Frantz Wittkamp: Ich nahm das kleine Buch…
Aus: Frantz Wittkamp: Ich glaube, dass du ein Vogel bist. Verse und Bilder. Beltz und Gelberg, Weinheim und Basel 1995.

S. 48/49: Josef Guggenmos: Es gingen drei Kinder durch den Wald. Beltz und Gelberg, Weinheim und Basel 1982.

S. 50: Otfried Preußler: Das kleine Gespenst (Auszug, gekürzt und leicht verändert). Thienemann Verlag, Stuttgart 1966.

S. 52/53: Salah Naoura: Hugo will ein Held sein/Superhugo und der Frosch (Auszug, gekürzt, Überschriften hinzugefügt). Aus: Salah Naoura: Superhugo startet durch! © 2014, 2019 Verlag Friedrich Oetinger GmbH.

S. 56/57: Amelie Benn: Auf dem Pferdehof/Amigo heißt Freund/ Die richtige Vorbereitung (Auszug, gekürzt, Überschriften hinzugefügt) Aus: Amelie Benn: Die beste erste Reitstunde. Loewe Verlag, Bindlach 2019.

S. 58/59: Martin Klein: Treffen ohne Trainer/Eine schwere erste Halbzeit (Auszug, gekürzt). Aus: Martin Klein: Anpfiff mit Hindernissen. DUDEN Leseprofi. © 2018 S. Fischer Verlag.

S. 60: Patrick Wirbeleit/Uwe Heidschötter: Kiste (Auszug, Silbenfärbung hinzugefügt). Reprodukt Verlag, Berlin 2014.

S. 62/63: Christa Zeuch: Das Jahr ist wie ein Buch.

Aus: Christa Zeuch: Lisa, Lolle, Lachmusik. Arena Verlag, Würzburg 2011. © VG Musikedition (Rechte bei der Urheberin).

S. 65: Johann G. von Salis-Seewis: Herbst-Lied. Aus dem Vossischen Musen-Almanach für das Jahr 1786 bzw. aus: Vom Reichtum der deutschen Seele – Ein Hausbuch deutscher Lyrik", hrsg. v. Georg Virnsberg, verlegt bei Dollheimer, Leipzig 1928.

S. 67: Alfons Schweiggert: November. Aus: Alfons Schweiggert: I hoaz dir ei. Bayrische Gedichte für die kalten Tage. © Druckerei und Verlagsanstalt ‚Bayerland' Anton Steigenberger, Dachau 1983.

S. 74/75: Martin Klein: Finn und Frieda wecken den Winter/ Das Denkmal wirkt! (Auszug, gekürzt, Überschrift hinzugefügt). Aus: Martin Klein: Finn und Frieda wecken den Winter. Tulipan Verlag GmbH, München 2019.

S. 75: Max Kruse: Es ist einmal ein Mann... Aus: Max Kruse: Ein Klecks ging mal spazieren. Kindergedichte. © 2003 by Verlag Sankt Michaelsbund, München.

S. 77: Christel Süßmann: Trat ich heute vor die Türe (Auszug). Fidula-Verlag Holzmeister GmbH, Koblenz/Christel Süßmann. © VG Musikedition.

S. 79: Ich lieb den Frühling (1. Strophe gemeinfrei).

S. 83: Paula Dehmel: Ich bin der Juli (Auszug). Aus: Paula Dehmel: Das liebe Nest. Gesammelte Kindergedichte. Herausgegeben von Richard Dehmel bei E. A. Seemann in Leipzig 1919.

Bildquellen

S. 13 ob./un.re. (Esel): Cornelsen/Martina Schramm.

S. 17 mi. (Smartphone): Shutterstock.com/khuruzero; **mi. (Ente):** mauritius images/alamy stock photo/Derek Mitchell.

S. 19 un. (Nudelsalat): Shutterstock.com/Julia Mikhaylova.

S. 21 un. (Samen, 1. und 2. Tag): Shutterstock.com/Robson90; **un. (Samen, 3. Tag):** Shutterstock.com/E-lona.

S. 22 ob. (Delfin): stock.adobe.com/Duncan Noakes; **mi. (Krokodil):** Shutterstock.com/Naypong Studio; **un. (Krake):** Shutterstock.com/Vladimir Wrangel.

S. 23 ob.li. (Salamander): stock.adobe.com/Marek R. Swadzba; **ob.re. (kl. Salamander):** Shutterstock.com/Dieter Herrmann. **un.li. (Buchcover):** Yuval Zommer (Text und Illustration): Was lebt im großen tiefen Blau? © 2019 Fischer Sauerländer Verlag, Frankfurt am Main; **un.re. (Buchcover):** Anita van Saan: Was lebt an Bach und Teich? 85 Tiere und Pflanzen am Wasser. © 2019 Franckh-Kosmos Verlag, Stuttgart.

S. 25 ob.re. (Buchcover): Holleben, Jan von, Baer-Krause, Jane, Kretschmer, Kristine: WWWas? Alles, was du schon immer übers Internet wissen wolltest. © 2016 Gabriel Verlag in der Thienemann-Esslinger Verlag GmbH.

S. 26 mi. (Nachthimmel): Shutterstock.com/Klagyivik Viktor;

S. 27 ob.re. (Astronaut): mauritius images/Science Faction; **un.li. (Tereschkowa):** dpa Picture-Alliance/Sputnik/RIA Novosti.

S. 29 un. re. (Buchcover), un. li.: Heute bin ich von Mies van Hout, Erstveröffentlichung in den Niederlanden durch Lemniscaat b. v. im Jahr 2011, Veröffentlichung der deutschsprachigen Ausgabe durch aracari Verlag im Jahr 2012, ISBN 978-3-905945-30-0.

S. 35 ob.re. (Mädchen): mauritius images/alamy stock photo/ Wavebreak Media ltd; **un.li. (Brailleschrift):** Shutterstock.com/ Andrii_M.

S. 44 ob.re. (Buchcover): Bernhard Lins: Kindertheater aus der Märchenwelt. © Annette Betz in der Ueberreuter Verlag GmbH, Berlin (1. Auflage 2006).

S. 47 ob.li. (Bücherei): Shutterstock.com/Rido.

S. 49 un.re. (Postkarte): akg-images.

S. 50 ob.re. (Buchcover): Otfried Preußler: Das kleine Gespenst. Illustration von F. J. Tripp. © 1966 Thienemann Verlag in der Thienemann-Esslinger Verlag GmbH, Stuttgart; **mi.re. (DVD-Cover):** Das kleine Gespenst. Regisseur: Alain Gsponer; Produktionsjahr: 2013, Erscheinungstermin: 2014, © Universum Film GmbH.

S. 51 mi.li. (Gespenst basteln 1-4): Cornelsen/Martina Schramm; **un.re. (O. Preußler):** Imago Stock & People GmbH/ teutopress.

S. 52 ob.re. (Buchcover), mi.re. S.53: Salah Naoura (Text)/ SaBine Büchner (Illustration): Superhugo startet durch. © 2014 Verlag Friedrich Oetinger, Hamburg.

S. 55 ob. (1: Neufundländer): stock.adobe.com/DoraZett; **(2: Schäferhund):** Shutterstock.com/photovova, **(3: Malteser):** Shutterstock.com/Eric Isselee; **un. (Husky):** stock.adobe. com/muro.

S. 56 ob.re. (Buchcover), mi.re., S. 57 ob.re.: Amelie Benn (Text)/ Dorothea Ackroyd (Illustration): Die beste erste Reitstunde. © 2019 Loewe Verlag, Bindlach.

S. 57 un. (1: Striegel): stock.adobe.com/cynoclub; **(2: Kardätsche):** stock.adobe.com/cynoclub; **(3: Hufkratzer):** Shutterstock.com/Ad van Brunschot; **(4: Sattel):** Shutterstock. com/ anakondasp; **(5: Trense):** stock.adobe.com/cynoclub.

S. 58 ob.re. (Buchcover), mi.re., S. 59 mi.re.: Martin Klein: Anpfiff mit Hindernissen. Illustriert von Markus Spang. © 2018 Fischer Kinder- und Jugendbuch Verlag, Frankfurt am Main.

S. 60 (Comic), S. 61 ob.re. (Buchcover): Patrick Wirbeleit/ Uwe Heidschötter: Kiste. Reprodukt, Berlin 2014.

S. 62 ob. (Bäume): Shutterstock.com/Smit.

S. 64 un. (Kornernte): Pieter Bruegel d. Ä.: Die Kornernte, 1565. („August", aus dem Zyklus der „Monatsbilder"). Öl auf Holz, 118 · 161 cm. New York, Metropolitan Museum of Art. © akg-images.

S. 66 ob.li. (Sankt Martin): Simone Martini: Die Mantelspende des hl. Martin von Tours, um 1320/25. Fresko in der Unterkirche von San Francesco in Assisi. Foto: Stefan Diller. © akg-images.

S. 72 un.re. (Mädchen): Shutterstock.com/dotshock.

S. 73 mi.re. (Junge): Roman Yanushevsky/Shutterstock.com.

S. 74 ob.re. (Buchcover), mi.re., S. 75 mi.re.: Martin Klein (Text) / Kerstin Meyer (Illustration): Finn und Frieda wecken den Winter. © 2019 Tulipan Verlag, München.

S. 75 ob.re. (Raureif): Shutterstock.com/Noheaphotos.

S. 78 re. (1: Schneeglöckchen): Shutterstock.com/Beautiful landscape; **(2: Krokus):** Shutterstock.com/Volkova Irina; **(3: Tulpe):** Panther Media GmbH/Natalya Danko; **(4: Osterglocke):** Shutterstock.com/tonkid.

S. 80 ob.li. (Anhänger): Cornelsen/Martina Schramm.

S. 81 un.re. (Küken): mauritius images/alamy stock photo/ Brian Jones.

S. 82 re. (1: Brombeeren): Shutterstock.com/grey_and; **(2: Himbeeren):** Shutterstock.com/Nattika, **(3: Stachelbeeren):** Shutterstock.com/Roman Samokhin, **(4: Johannisbeeren):** Shutterstock.com/waku; **(5: Erdbeeren):** Shutterstock. com/Tim UR.

Illustrationen

Cornelsen/Yo Rühmer

Cornelsen/Vera Schmidt

Cornelsen/Isabelle Song-Ra Göntgen: S. 34 mi.re. (Sitzkreis), S. 54 ob.re. (Lawine), S. 75 un.re. (Eiszapfen), S. 82 ob. u. mi. (Namensschilder), S. 83 ob.li. (Kalender);

Cornelsen/Linda Patricia Schramm: S. 28 (Familienbilder).

Erstlesebuch
differenziert

Erarbeitet von:	Martina Schramm in Zusammenarbeit mit der Redaktion Grundschule
Redaktion:	Imke Pelz
Bildredaktion:	Janin Hacker
Illustration:	Yo Rühmer Vera Schmidt Isabelle Göntgen
Notensatz:	Kontrapunkt Satzstudio, Bautzen
Umschlaggestaltung:	corngreen, Leipzig
Layout und technische Umsetzung:	Sandra Knopke, Werneuchen

Mit der **BuchTaucher-App** wird dein Schülerbuch lebendig! Damit findest du auf jeder Doppelseite ergänzende Videos und Audios. Weitere Informationen unter: **www.cornelsen.de/Buchtaucher**.

www.cornelsen.de

1. Auflage, 6. Druck 2024

Alle Drucke dieser Auflage sind inhaltlich unverändert
und können im Unterricht nebeneinander verwendet werden.

Druck: Mohn Media Mohndruck, Gütersloh

ISBN 978-3-06-084625-2 (Schülerbuch)
ISBN 978-3-06-084836-2 (E-Book)

PEFC

PEFC/04-31-1033   www.pefc.de

PEFC-zertifiziert
Dieses Produkt
stammt aus
nachhaltig
bewirtschafteten
Wäldern und
kontrollierten Quellen